春秋左氏传

稚子文化 编绘

化学工业出版社

·北京·

编绘人员名单：

张耀明	夏玉娇	顾芳竹	韩晓艳	丽　娜	刘　亭	马春艳	马健桐	马玉玲
孟宪生	牛庆贺	田晓梅	杨立艳	迟　旭	张丽楠	池洪润	冯允亮	王　虹
全宏波	张晓光	邱　影	李　娜	殷鹏飞	路　颖	王　丹	马宏艳	李剑飞
刘　娜	李志摩	孙洪旭	李树鹏	边明杨	刘　馨	董照晖	刘文杰	田艳楠
凌欣冉	宋丽南	孙　正	陈　娜	马文华	杨彦朋	杨　镐	郎咸宵	王　芳
何志强	刘　冉	张颖然	田　静	张利楠	李　军	高　然	杨　杰	杨　敏
石万莉	孙玉明	李迪生	孙　敏	赵春雷	嫣　然			

图书在版编目（CIP）数据

春秋左氏传/稚子文化编绘.—北京：化学工业出版社，2019.2（2023.4重印）
（国学经典超有趣）
ISBN 978-7-122-33603-3

Ⅰ.①春… Ⅱ.①稚… Ⅲ.①中国历史-春秋时代-编年体②《左传》-青少年读物 Ⅳ.①K225.04-49

中国版本图书馆CIP数据核字（2019）第000825号

GUOXUE JINGDIAN CHAO YOUQU　CHUNQIU ZUOSHIZHUAN
国学经典超有趣·春秋左氏传

责任编辑：隋权玲　　　　　　　　　装帧设计：尹琳琳
责任校对：王　静

出版发行：化学工业出版社（北京市东城区青年湖南街13号　邮政编码100011）
印　　装：天津图文方嘉印刷有限公司
710mm×1000mm　1/16　印张10¼　2023年4月北京第1版第14次印刷

购书咨询：010-64518888　　　　　　　售后服务：010-64518899
网　　址：http://www.cip.com.cn
凡购买本书，如有缺损质量问题，本社销售中心负责调换。

定　　价：39.80元　　　　　　　　　　　　　　　　版权所有　违者必究

目录

隐公

元年 ······················· 1
  郑伯克段于鄢 ············ 1
四年 ······················· 4
  石碏大义灭亲 ············ 4
五年 ······················· 6
  臧僖伯谏观鱼 ············ 6
六年 ······················· 8
  齐桓公之死 ·············· 8
十一年 ····················· 11
  郑伯伐许 ················ 11

桓公

二年 ······················· 13
  臧哀伯谏纳郜鼎 ·········· 13
五年 ······················· 15
  诸侯伐郑 ················ 15
六年 ······················· 17
  太子忽辞婚 ·············· 17
十三年 ····················· 19
  夏桀之亡 ················ 19

庄公

六年 ······················· 22
  邓国之亡 ················ 22
八年 ······················· 24
  董卓被诛 ················ 24
十年 ······················· 26
  曹刿论战 ················ 26
二十八年 ··················· 29

  骊姬之乱 ················ 29
三十二年 ··················· 33
  武皇禁屠 ················ 33

闵公

元年 ······················· 36
  庆父之祸 ················ 36

僖公

二年 ······················· 39
  杨贵妃专宠 ·············· 39
四年 ······················· 42
  "事必躬亲"的汉文帝 ······ 42
  风马牛不相及 ············ 45
五年 ······················· 47
  假途灭虢 ················ 47
九年 ······················· 49
  荀息践诺 ················ 49
二十二年 ··················· 51
  爱国英雄邓世昌 ·········· 51
  轻敌而败的鲁僖公 ········ 53
二十三年 ··················· 55
  重耳之妻 ················ 55
二十四年 ··················· 58
  朱元璋谋害功臣 ·········· 58
二十七年 ··················· 62
  文公称霸 ················ 62
二十八年 ··················· 65
  官员哭穷灭国 ············ 65

以和代战 …………………………… 69
三十年 …………………………………… 72
　　烛之武退秦师 ………………………… 72

文公

元年 ……………………………………… 76
　　商臣弑君 ……………………………… 76
六年 ……………………………………… 80
　　大度的臾骈 …………………………… 80
七年 ……………………………………… 82
　　赵盾背秦 ……………………………… 82
十年 ……………………………………… 84
　　不畏强者 ……………………………… 84
十二年 …………………………………… 86
　　秦晋河曲之战 ………………………… 86
十七年 …………………………………… 90
　　子家斥赵宣子 ………………………… 90
十八年 …………………………………… 92
　　逐莒仆 ………………………………… 92

宣公

二年 ……………………………………… 94
　　羊斟以私败国 ………………………… 94
三年 ……………………………………… 97
　　王孙满论鼎 …………………………… 97
四年 ……………………………………… 99
　　染指于鼎 ……………………………… 99
十五年 …………………………………… 102
　　解扬守信救宋 ………………………… 102
　　晋灭潞舒 ……………………………… 105
十七年 …………………………………… 108
　　苗贲皇释齐使 ………………………… 108

成公

元年 ……………………………………… 111
　　刘康公败绩 …………………………… 111

二年 ……………………………………… 113
　　无功不受禄 …………………………… 113
　　兄弟同心 ……………………………… 116
三年 ……………………………………… 120
　　臧宣叔释礼 …………………………… 120
九年 ……………………………………… 121
　　南冠楚囚 ……………………………… 121
十二年 …………………………………… 123
　　智论生死 ……………………………… 123
十三年 …………………………………… 125
　　吕相绝秦 ……………………………… 125

襄公

三年 ……………………………………… 128
　　祁奚荐贤 ……………………………… 128
　　魏绛执法严明 ………………………… 130
四年 ……………………………………… 132
　　魏绛和戎 ……………………………… 132
十四年 …………………………………… 134
　　爱做家具的皇帝 ……………………… 134
十五年 …………………………………… 137
　　子罕拒玉 ……………………………… 137
二十五年 ………………………………… 139
　　危如累卵 ……………………………… 139
三十年 …………………………………… 141
　　子产为政 ……………………………… 141

昭公

元年 ……………………………………… 145
　　公子围聘于郑 ………………………… 145
三年 ……………………………………… 148
　　晏子抑奢 ……………………………… 148
　　曾子三省 ……………………………… 151
　　六尺巷 ………………………………… 153

经典诵读·原文赏析……………… 156

隐公·元年

[原文] 公曰:"多行不义,必自毙,子姑待之。"

[译文] 庄公说:"多行不义,必定自取灭亡,你就等待着他的灭亡吧!"

郑伯克段于鄢

春秋时期,郑武公娶妻武姜,生了庄公和共叔段两个儿子。大儿子庄公出生时难产,武姜受到惊吓,因此姜氏很讨厌他。

姜氏偏爱小儿子共叔段,想让他当太子,就多次向武公请求,可是武公不答应。

后来,庄公做了郑国国君。

姜氏又请求把"京"这个地方作为共叔段的封地,庄公答应了。

大臣蔡仲听说京城的城墙已经超过了都城的城墙,马上向庄公谏言。

公子吕觉得共叔段这样做会让百姓们觉得国家有两个国君,所以劝庄公除掉他。

庄公的不闻不问,让共叔段更加肆无忌惮,他不断扩大自己的地盘。

公子吕觉得共叔段的土地扩大了,将来还会得到老百姓的拥护,劝庄公马上除掉他。

另一边，共叔段整军备战，准备袭击郑国都城，而姜氏也做好了接应的准备。

庄公听到共叔段起兵的消息，就命令公子吕率领两百辆战车去攻打京邑。

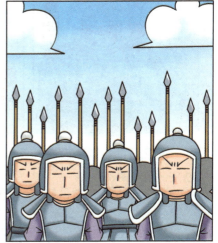

因为不得民心，京邑的百姓背叛了共叔段，共叔段只得逃到鄢城。庄公又攻打鄢城，无奈之下，共叔段逃往"共"这个地方。

四年

[原文] 君子曰："石碏（què），纯臣也。恶（wù）州吁（yù）而厚与焉，大义灭亲，其是之谓乎！"

[译文] 君子评论说："石碏，是一位纯良忠心的大臣。他憎恨州吁，而他的儿子石厚却与州吁交好，他就把石厚也一起杀掉了。大义灭亲，这正是说的石碏吧。"

石碏大义灭亲

鲁隐公四年的春天，卫国的州吁杀了卫桓公，自己做了国君。

石碏曾是卫国大夫，他的儿子石厚与州吁的关系十分亲密，石碏想要禁止他们来往。

于是,州吁就带着石厚来到了陈国。

没想到,石碏早就提前派人和陈桓公打好了招呼。

陈桓公让人抓住了州吁和石厚,然后请卫国派人来陈国处理。

这年九月,卫国派人在陈国的濮地杀了州吁。石碏又派自己的家臣到陈国,杀了石厚。

五年

[原文] 臧（zāng）僖（xī）伯谏曰："凡物不足以讲大事，其材不足以备器用，则君不举焉。"

[译文] 臧僖伯劝谏说："凡物品不能够用于祭祀和教习战争的大事，材料不能够备作祭祀和战争的器用的，那么国君就不会为之有所举动。"

臧僖伯谏观鱼

鲁隐公五年的春天，鲁隐公准备去棠地观看捕鱼。大臣臧僖伯听说了，马上去劝谏隐公。

鲁隐公不听臧僖伯的劝说,出发去了棠地,还让渔民们摆出各种渔具捕鱼,他自己就在那里观赏。

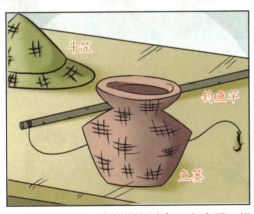

而另一边,臧僖伯推说自己生病了,没有跟随隐公前去。

六年

[原文] 为国家者,见恶如农夫之务去草焉,芟(shān)夷(yí)蕴(yùn)崇之,绝其本根,勿使能殖。

[译文] 治理国家的人,见到奸恶的人,就要像农夫急于除去杂草一样,锄掉它堆积起来肥田,挖掉它的老根,使它不能再生长。

齐桓公之死

春秋时期,齐桓公在执政前期知人善任,在政治上具有雄才大略,一度成为"春秋五霸"之首。

可惜,到了晚年,齐桓公开始骄奢淫逸,贪恋美色,对政事也懈怠了许多。

因为齐桓公没有嫡子,所以几个庶出的儿子为了争夺王位,便不断地明争暗斗。

公子昭因为母亲郑姬是齐桓公的宠姜,而被立为储君。

当时,竖刁、易牙和开方是齐桓公身边的三个奸佞之臣。

贤相管仲在临终之前,曾劝告齐桓公要远离竖刁、易牙、开方等奸臣。

三年后,齐桓公病重,易牙、开方、竖刁等人勾结公子无亏的母亲将桓公囚禁起来。

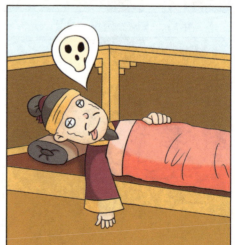

十一年

[原文] 礼,经国家,定社稷(jì),序民人,利后嗣(sì)者也。

[译文] 礼法,是用来治理国家、安定国家、维护人们生产生活秩序的,是有利于后代的。

郑伯伐许

鲁隐公十一年,隐公会合齐僖公、郑庄公一起攻打许国。

这一天,三国的军队逼近了许国城下,不久便攻入了许国,许庄公逃到卫国去了。

桓公·二年

[原文] 国家之败，由官邪也。官之失德，宠赂章也。

[译文] 国家的衰败，是由于官吏做违法的事。官吏丧失德义，则是君王宠爱和贿赂盛行的缘故。

臧哀伯谏纳郜鼎

鲁桓公二年，鲁桓公从宋国取得郜国的传国大鼎，放进了太庙，这是不符合礼仪的。

五年

[原文] 公曰:"君子不欲多上人,况敢陵天子乎?苟自救也,社稷无陨(yǔn),多矣。"

[译文] 郑庄公说:"君子不想超过比自己在上的人,又哪里敢凌驾于天子之上呢?这只不过是为了自救,国家不至于陨灭,就很满足了。"

诸侯伐郑

鲁桓公五年,周桓王带领各国诸侯讨伐郑国。周桓王率领中军;虢公林父率领右军,蔡军、卫军属于右军;周公黑肩率领左军,陈军属于左军。郑庄公出兵抵御。

六年

[原文]《诗》云:"自求多福。"在我而已,大国何为?

[译文]《诗经》说:"人要自我求取福分。"求福靠我自己就是了,依靠大国有什么用呢?

太子忽辞婚

春秋时期,齐僖公有一个女儿名叫文姜。齐僖公想把女儿嫁给郑国太子忽。

后来,北戎进攻齐国,齐国向郑国求援,太子忽率军打败了戎军,齐僖公又要把他的另一个女儿嫁给他。

十三年

[原文] 莫敖使徇（xùn）于师曰："谏（jiàn）者有刑。"

[译文] 屈瑕使人宣令三军说："对我进谏的人要处以刑罚。"

夏桀之亡

夏桀是夏朝的最后一位皇帝，也是中国历史上有名的暴君。他在位时，夏王朝内忧外患，民不聊生，但夏桀却不思进取，只顾自己享乐。

夏桀日夜和美人妹喜及宫女们饮酒作乐。

太史令终古看到夏桀这样荒淫无道，就进宫向夏桀哭泣进谏。

终古知道夏桀已经无可救药了，夏朝也一定会灭亡的，就去投奔了商汤。

庄公·六年

[原文] 对曰:"若不从三臣,抑社稷实不血食,而君焉取余?"

[译文] 三位大臣对邓祁侯说:"如果您不听从我们三人的话,那么社稷神灵就没有血肉之食来祭祀,君王您哪里还有祭祀剩余的肉来供应宾客呢?"

邓国之亡

楚文王去讨伐申国时,路过了邓国。

楚文王攻打申国回国的那一年,他果然进攻了邓国。

十年后,楚国再次攻打邓国,邓国灭亡。

八年

[原文] 鲍叔牙曰:"君使民慢,乱将作矣。"

[译文] 鲍叔牙说:"国君使用百姓怠慢无礼,就会发生祸乱。"

董卓被诛

东汉末年,权臣董卓借朝廷内乱之机,带领军队占领了都城洛阳。

没过多久,董卓就废掉了年幼的皇帝,立了一个新皇帝,自己独揽大权。

董卓纵容自己的军队在都城附近烧杀抢掠，使得当地百姓苦不堪言。

董卓还让人放火把都城烧了，然后带着抢掠来的财物和都城附近的百姓，把都城迁到了长安。

后来，人们对董卓的行为已经到了忍无可忍的地步。朝中的大臣和各地的军阀联合起来，杀死了董卓。

十年

[原文] 对曰:"夫战,勇气也。一鼓作气,再而衰,三而竭,彼竭我盈,故克之。"

[译文] 曹刿(guì)回答:"打仗,是勇气的较量。第一次擂鼓进攻,鼓足了士卒的勇气;再次击鼓进攻,士卒的勇气就减弱了;第三次擂鼓进攻,士卒的勇气就耗尽了。敌军的勇气耗尽了而我军正充满勇气,所以能打败他。"

曹刿论战

鲁庄公十年的春天,齐国军队来攻打鲁国。鲁庄公准备迎战。

曹刿听说后,便想要赶到鲁国国都。曹刿的同乡人很不理解他为什么要这样做。

曹刿到达鲁国国都后,请求鲁庄公接见他,鲁庄公同意了。

到了开战的那一天,鲁庄公和曹刿坐在一辆战车上,在长勺和齐军交战。

于是，一直等到齐军击了三次鼓之后，曹刿才让鲁庄公下令击鼓进军。齐军果然被打得大败，慌忙撤退。

二十八年

[原文] 二五卒与骊(lí)姬(jī)谮(zèn)群公子而立奚齐，晋人谓之"二五耦(ǒu)"。

[译文] 梁五、东关嬖五和骊姬狼狈为奸，最终通过在晋献公面前给各位公子进谗言，而使晋献公立奚齐为太子，晋国的人把这件事称作"骊姬之乱"。

骊姬之乱

太子申生，公子重耳、夷吾、奚齐和卓子都是晋献公的儿子。

骊姬是晋献公最宠爱的妃子，骊姬想立自己的儿子当太子。

骊姬贿赂大夫梁五和东关嬖五，让他们劝说晋献公把除了奚齐和卓子以外的公子都派到外地。

于是，晋献公让太子去曲沃，重耳去蒲邑，夷吾去屈邑，其余公子也都去了边境上，只有奚齐和卓子留在都城。

接着，骊姬又大肆制造晋献公有意废太子的舆论。

太子祭祀后，把祭祀的酒肉带回来献给晋献公。晋献公打猎回来，骊姬便在酒肉中下了毒药。

就这样,太子申生被逼无奈自尽了。

不久,重耳和夷吾也因被骊姬诬陷而开始逃亡。

奚齐终于如骊姬所愿当上了太子。

三十二年

[原文] 国将兴,听于民;将亡,听于神。

[译文] 国家要兴旺,(君主)就会听从人民的呼声;将要灭亡,就会听命于神。

武皇禁屠

武则天执政时,想用佛教做思想武器,以达到控制百姓思想,从而稳固自己的政权。

闵公·元年

[原文] 仲孙归,曰:"不去庆父,鲁难未已。"

[译文] 仲孙湫回到齐国后对齐侯说:"不除掉庆父,鲁国的内乱不会停止。"

庆父之祸

庆父、叔牙和季友是鲁庄公的三个弟弟,其中庆父最为专横,他和叔牙勾结在一起,一心想要争夺君位。

鲁庄公三十二年,鲁庄公生病了,他分别与叔牙和季友商量立继承人的事。

为让鲁庄公的儿子般继承王位,季友逼死叔牙。

公元前662年，鲁庄公去世，公子般即位。庆父心有不甘，就派人杀死了般；季友见事不好，就逃到了陈国。

之后，庆父立鲁庄公的另一个儿子——启为国君，就是鲁闵公。

鲁闵公元年的秋天，鲁闵公和齐桓公结盟。

齐桓公派人召回季友，闵公就住在郎地等候他。

鲁闵公和季友还没商量出对付庆父的办法，庆父已经又起了杀心。闵公二年，庆父派人将闵公杀害。

庆父先后杀害了两位国君，终于激起众怒，无奈之下他只能逃奔莒（jǔ）国。

这时，季友回到了鲁国，并拥立鲁庄公的另一个儿子——申即位，这就是鲁僖公。

僖公即位后，要求莒国把庆父押解回鲁国。庆父自知罪大，就在押解回国的路上自尽了。

僖公·二年

[原文] 专之渝（yú），攘（rǎng）公之羭（yú）。

[译文] 专宠过分会生变乱，会夺去您的所爱。

杨贵妃专宠

唐玄宗在位前期，励精图治，勤于国事；后期立杨玉环为贵妃，从此便开始了穷奢极欲的享乐生活。

唐玄宗为杨贵妃亲谱《霓裳羽衣曲》，在召见杨贵妃时，命人奏此新乐，还赐杨贵妃金钗钿合，并亲自为杨贵妃插在头发上。

为了博得杨贵妃的欢心，每逢荔枝成熟，唐玄宗便派专人从南方运回带露水的新鲜荔枝。

由于杨贵妃得到专宠，她的兄弟姐妹均获赠高官。就连皇上的亲妹妹在杨贵妃的家人面前也只能让座而不敢就座。

途经马嵬驿时,以陈玄礼为首的随驾禁军将士,一致要求处死杨国忠跟杨贵妃。

众将士随即哗变,乱刀杀死了杨国忠,随后又要求唐玄宗处死杨贵妃。

最终,唐玄宗为求自保,不得已之下,赐死了杨贵妃。

四年

[原文] 君若以德绥（suí）诸侯，谁敢不服？

[译文] 您如果用仁德来安抚诸侯，谁敢不服从您？

"事必躬亲"的汉文帝

公元前180年，吕后去世，刘邦的旧臣丞相陈平和太尉周勃、朱虚侯刘章携手诛灭了吕氏势力。随后，陈平派使者去接刘恒到长安继承皇位。

汉文帝刘恒登基后，十分重视农业的发展，认为农业是治国之本。

春天，汉文帝下令百官一起到田地里劳作。

汉文帝带着百官来到田地，百姓们见到皇帝亲临立即欢腾起来。

汉文帝命侍卫散开，接着撸起袖子，拿着农具便耕种起来。大臣们见状，也慌忙拿起手边的农具，跟在后面耕种起来。

文帝亲自耕种的事情一传十，十传百，百姓们也是到处歌颂文帝这一亲民的举动。

在汉文帝的带领下，百姓们也都积极耕种，国家逐渐变得富足，国力也一天天地强盛起来。汉文帝因而成为了历史上重视农业生产的帝王典范。

[原文] 君处北海，寡人处南海，唯是风马牛不相及也。

[译文] 你住在北方，我住在南方，即使是走失的牛马相互追逐狂奔也到不了彼此的疆界啊。

风马牛不相及

鲁僖公四年，齐桓公率领诸侯联军攻打蔡国。蔡国被打败了，齐桓公就接着进攻楚国。

楚成王派遣使者屈完来求和。

屈完：我们两国一个在南方，一个在北方，相距甚远，就算是走失的牛马追逐狂奔，也到不了彼此的疆界呀！为什么你们要千里迢迢地来打我们呢？

管仲：这是周朝先王给我们的权利，我们想打谁就打谁！

贡品我们以后给不就完了，至于昭王的事和我们没关系，你们找错人了。

你们不向天子进贡包茅，我们是来问罪的；周昭王南巡到楚国没有回去，我们也要责问你们。

于是，诸侯联军的军队继续前进，驻扎在陉地。

没错！

这回让楚国人见识见识我们的厉害！

不久，楚成王又派遣屈完带兵到诸侯军的驻地。诸侯军队撤退，驻扎在召陵。

是！

大家都打起精神来，别让人家小瞧了。

看来楚国不像蔡国那么好欺负啊！

怎么还没打就撤了？

齐桓公把自己所率领的军队排列成阵，和屈完一起检阅队伍。

后来，屈完代表楚国与诸侯国订立了盟约。

五年

[原文] 谚所谓辅车相依，唇亡齿寒。

[译文] 谚语所说：车辐与车身互相依赖，嘴唇失掉后牙齿就会寒冷。

假途灭虢

春秋时期，晋献公积极扩军，拓展疆土。为了夺取崤函军事要地，他决定南下攻取虢（guó）国。

于是，晋献公便先派荀息向虞国借路以进攻虢国。

虞国大臣宫之奇看破了晋国的意图，劝阻虞公不要答应荀息的请求。

虞公不听劝，答应了晋国使者的要求。

很快，晋国灭掉了虢国，虢公丑逃到了京师。

晋军回国时，暂驻虞国休整，并乘机袭击虞国。

九年

[原文] 公家之利，知无不为，忠也。送往事居，耦俱无猜，贞也。

[译文] 有利于国家的事情，知道了没有不做的，这是忠。送走过去的，侍奉活着的，做到两方面都没有猜疑，这是贞。

荀息践诺

春秋时期，晋国发生骊姬之乱，太子申生自杀身亡，公子重耳和夷吾流亡国外。

后来，晋献公让大臣荀息辅佐奚齐。

晋献公病重时，召见荀息。

公元前651年，晋献公去世。大夫里克打算拥立逃亡在外的公子重耳为国君。于是发动公子申生、重耳和夷吾的拥立者一起反叛。

里克在杀奚齐之前,去见荀息。

不久,里克杀死了奚齐。荀息听闻后,准备自尽,却被一个大臣拦住。

这一次,荀息就真的自尽了。

二十二年

[原文] 明耻教战，求杀敌也。伤未及死，如何勿重？

[译文] 使士兵明白什么是耻辱来鼓舞斗志，奋勇作战，为的是消灭敌人。敌人受了伤，还没有死，为什么不能再去杀死他们呢？

爱国英雄邓世昌

邓世昌是中国最早的海军军官之一，是清朝北洋舰队中"致远"号的舰长。

1894年，日本舰队突然袭击中国舰队，黄海大战打响了。

邓世昌指挥"致远"舰英勇战斗，舰上火炮一齐向日舰射击。

激战中，担任指挥的中国舰队旗舰被击伤。

危急时刻,邓世昌下令开足马力向日舰"吉野"号冲过去。可惜,一发炮弹不幸击中了"致远"舰的鱼雷发射管,引发鱼雷爆炸,导致"致远"舰沉没,舰上官兵都沉入大海。

邓世昌见到部下们都葬身大海,自己也不愿独活。

听闻邓世昌壮烈殉国的事迹,举国震动,光绪帝哀痛不已。

[原文] 国无小不可易也；无备虽众，不可恃也。

[译文] 国家无所谓弱小，不可以轻视小的国家；没有准备，即便人数再多，也是不足以依靠的。

轻敌而败的鲁僖公

公元前639年，须句国被邾（zhū）国所灭。因鲁僖公的母亲是须句族人，所以须句的国君逃到鲁国求援。

邾国战败后，心有不甘，于公元前638年出师伐鲁。

鲁僖公不听臧文仲的劝说，于公元前638年冬天与邾国在升陉展开战斗，鲁军大败。

邾国军队把缴获的鲁僖公的头盔挂在城门上，以示羞辱。

二十三年

[原文] 怀与安，实败名。

[译文] 怀恋安逸的生活，贪图享受，是会有损前途的。

重耳之妻

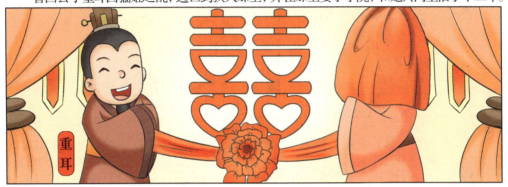

重耳在齐国过上了安逸的生活，感到很满足，慢慢忘记了自己的鸿鹄大志。

跟随重耳的赵衰（cuī）、狐偃认为这样不行，就在一棵树下商量离开齐国的事情。

没想到，齐姜竟也劝重耳回晋国施展抱负。

为了让重耳回到晋国，齐姜和赵衰等人一起设计灌醉了重耳，然后由赵衰等人带着他离开了齐国。

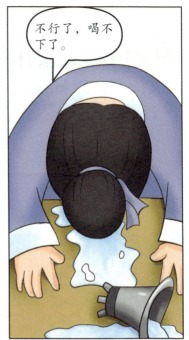

二十四年

[原文] 得宠而忘旧,何以使人?

[译文] 你得到了新的宠爱就忘了昔日的妻子,还怎么去指挥别人呢?

朱元璋谋害功臣

洪武元年,朱元璋消灭了张士诚、陈友谅等人,在南京称帝,国号大明,年号洪武。

朱元璋在位前期,下令农民归耕,奖励垦荒;大搞移民屯田和军屯;严惩贪官;政治清明,百姓安乐,史上称此时期为"洪武之治"。

但在朱元璋统治后期,受中央集权的影响,朝中人人自危。官员们每日上早朝,都要与家人诀别;晚上平安归来后,一家人脸上才有笑容。

作为明朝开国第一功臣的徐达,本性忠厚老实,却也免不了被明太祖朱元璋猜忌。

原来,徐达的妻子是朱元璋以前手下大将谢再兴的女儿,朱元璋擅自做主将其嫁给徐达,谢再兴因此怀恨在心,转而投奔了张士诚。

谢氏习武,性情耿直,在一次入宫朝贺时因言语不当,引起了朱元璋的不满。

不久,朱元璋在宫中设宴款待徐达,席间觥筹交错之时,派人潜入徐府刺杀了谢氏。

徐达回到家后……

后来，徐达长了一种疽疮，最忌鹅肉。朱元璋却趁着徐达生病，偏偏赏赐蒸鹅给他吃。

徐达死后,开国功臣李善长也以莫须有的"谋反"罪名,被朱元璋诛杀满门。

其他的开国功臣也陆续被扣上了各种罪名,相继处死。

二十七年

[原文] 一战而霸，文之教也。

[译文] 通过一次战争就取得了霸权，这是善于用仁德教化的结果。

文公称霸

公元前633年，楚成王和诸侯的军队包围了宋国。宋国的公孙固来到晋国求援。

晋国的大臣们一起商量解救宋国的办法。

于是，晋国在被庐阅兵，建立了三军，并商量元帅的人选。

晋国便派郤縠（xì hú）率领中军，郤溱辅助他。

而晋文公一回国就开始训练百姓。

到了第二年，晋文公就想用他们征伐。

听了狐偃的建议，晋文公就去帮助周襄王恢复王位，又在国内积极谋求有利于人民的事情。

这时，晋文公又想让百姓们上战场，狐偃又制止了他。

晋文公就让百姓讲信用，百姓做生意不求暴利，明码实价，没有贪心。

晋国赶走了谷地的驻军，解救了被围困的宋国。

二十八年

[原文] 荣季曰："死而利国，犹或为之，况琼玉乎？是粪土也。而可以济师，将何爱焉？"

[译文] 荣黄说："如果死是为了国家利益，那还要去死，更何况是要丢掉一些琼玉之物呢，那简直不过是粪土而已！如果可以帮助军队打胜仗，有什么可吝惜的呢？"

官员哭穷灭国

明朝崇祯帝即位初年，为节省国库开支，大幅度裁撤边防驿站，减免官税。还将官中物品拿到集市上变卖补贴国用。除此之外，衣服破了，他也舍不得更换。

但事实上，崇祯帝所私藏的皇银数目却十分惊人。

1644年，李自成在西安建立农民政权，百万大军攻陷平阳、太原后，直逼京城。

为了凑够军饷，崇祯帝打起了大臣们的主意。

崇祯皇帝听后大喜,将有名无实的"锦衣千户"官衔赐给老汉。

可惜,第二天李自成便率起义军攻占了京城。崇祯皇帝自缢于煤山,大明江山宣告易主。

李自成攻占北京后,在京城许多官员的家中搜出三千余万两白银,还有黄金一百五十万两。

[原文] 以乱易整，不武。

[译文] 用战乱去代替和平，不是用武之道。

以和代战

明朝初期，元朝的残余势力在辽东为害，燕王朱棣奉旨率军征讨。

不过，令所有人都没想到的是……

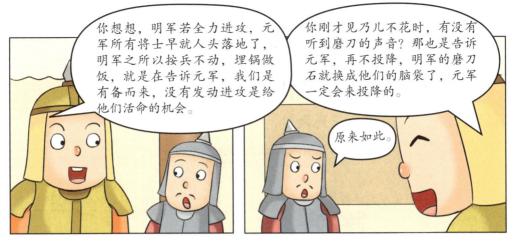

果不其然，很快乃儿不花便前来投降。

就这样，朱棣圆满地招降了元军。

三十年

[原文] 若使烛之武见秦君，师必退。

[译文] 假若派遣烛之武去见秦君，秦军必然退军。

烛之武退秦师

于是晋文公也撤军回国了。

文公·元年

[原文] 潘崇曰:"能事诸乎?"曰:"不能。""能行乎?"曰:"不能。""能行大事乎?"曰:"能。"

[译文] 潘崇问商臣:"你能去侍奉公子职吗?"商臣回答:"不能。"又问:"你能出逃吗?"回答说:"不能。"最后问:"能办大事吗?"回答:"能。"

商臣弑君

公元前672年,楚成王即位。他广施恩德,与各国诸侯修好结盟,向周天子进贡以巩固自己的王位。

随后,楚成王大力开拓疆域,先后消灭了周围的小国。

待到稳固了自己的国家,百姓也得到安居后,楚成王开始思量太子的人选。

没过多久，楚成王又想立王子职而废掉太子商臣。

商臣听到消息但无法确定,便向他的老师潘崇征求意见。

商臣听后,再次找到自己的老师,告知此事已经确实。

没过多久，商臣便率领手下的亲兵包围楚成王。

于是，楚成王被逼而死。商臣篡位，即楚穆王。

六年

[原文] 敌惠敌怨，不在后嗣（sì），忠之道也。

[译文] 有惠于人或有怨于人，和他的后代无关，这合于忠诚之道。

大度的臾骈

臾骈（yú pián）是春秋时期晋国的谋士，是赵盾军中最得力的助手。

晋襄公死后，晋国国政混乱，大夫续简伯被杀，晋襄公的族叔贾季辗转北狄流亡潞国。

赵盾便派臾骈将贾季的妻子儿女送到潞国去。

贾季曾经侮辱过臾骈，臾骈的朋友们听闻此事，都为他抱不平。

臾骈将贾季妻儿以及他们一路的用品准备齐全，将他们一路安全护送到了潞国边境。

七年

[原文] 逐寇如追逃,军之善政也。

[译文] 驱逐仇寇如同追捕逃犯,这是打仗的最好战术。

赵盾背秦

晋襄公去世后,大臣赵盾违背襄公嘱托想改立在秦国做官的公子雍做国君。

太子夷皋的母亲穆嬴很不甘心,就在朝堂上向赵盾哭诉。

赵盾回到家中,穆嬴又带着孩子来到他家里。

于是,晋军在赵盾的带领下,先偷偷到堇阴。不久,晋军偷袭了驻扎在令狐的秦军。秦军在毫无防备的情况下,伤亡惨重。

十年

[原文] 子舟曰："当官而行，何强之有？"

[译文] 子舟说："担当官职就要按职务做事，管什么谁的地位高呢？"

不畏强者

公元前617年，陈恭公、郑穆公、楚穆王和蔡庄侯一起领兵驻扎在厥貉，准备去攻打宋国。

宋国的华御事听说了这件事，急忙来见宋昭公。

打猎时,各国大臣们都各司其职。楚国大夫申舟担任执掌军政的左司马。

第二天一早……

宋昭公违背了命令,申舟就鞭打他的仆人并示众,这让宋昭公感觉受到了羞辱。

十二年

[原文] 两君之士皆未憖(yìn)也，明日请相见也。

[译文] 两位国君的将士到现在都没有痛快地打一场，明日请再战。

秦晋河曲之战

秦军突袭了晋军上军,赵穿果然带着军队去追赶,结果没有追上。

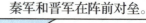

于是,晋军准备连夜去攻打秦军。

赵盾命人将赵穿拉开,可是赵穿怎么也不放手。

秦军果然连夜撤走了,晋军也只好跟着撤军。

十七年

[原文] 小国之事大国也，德则其人也；不德则其鹿也，铤而走险，急何能择？

[译文] 小国事奉大国，如果大国以德相待，小国就会以人道相待奉；如果不是以德相待，那就会像鹿一样，狂奔走险，被逼急的时候，哪里还能选择呢？

子家斥赵宣子

公元前610年，晋灵公在扈地会合各国诸侯，和大家一起商量平定宋国内乱的事情。可是，晋灵公却没有会见郑穆公。

郑国大夫子家知道后，就派使者带着书信，去见晋国的赵宣子。

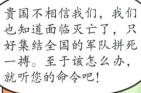

十八年

[原文] 孝敬忠信为吉德，盗贼藏奸为凶德。

[译文] 孝敬、忠信都是善良美好的德行，盗贼、窝赃都是凶恶的德行。

逐莒仆

春秋时期，莒国国君纪公生了太子仆，后来又生了季佗。

因为纪公喜欢季佗，而且太子仆在国内做了很多不合礼仪的事情，所以纪公就废黜了太子仆。

公元前609年，仆联合国内的人杀死了纪公，然后带着纪公的宝玉逃到了鲁国，并把宝玉献给了鲁宣公。

没想到，鲁国大臣季文子却让人立刻把仆赶出鲁国。

鲁宣公听闻后，便问太史克，季文子这样做的原因。

宣公·二年

[原文] 君子谓："羊斟（zhēn），非人也，以其私憾，败国殄（tiǎn）民，于是刑孰大焉？"

[译文] 君子说："羊斟不像个人，由于私怨，使国家战败、百姓受害，还有比这应当受到更重的刑罚的吗？"

羊斟以私败国

公元前607年，郑国公子归生接受楚国命令前去攻打宋国，宋国派华元、乐吕率军前去抵御。

开战之前，华元杀羊犒赏士兵，但他的车夫羊斟没有吃到。为此，羊斟很怨恨华元。

不久,两军开战。羊斟驾着马车飞快地向敌军冲去。

宋国决定用一百辆战车、四百匹战马从郑国赎回华元，可是这些东西才送去一半，华元就逃回来了。

华元来到宋国城门外，向守门人说明了自己的身份，守门人便让他进城了。

没想到，华元在城里见到了羊斟。　　　羊斟说完，就逃去鲁国了。

三年

[原文] 德之休明，虽小，重也。其奸回昏乱，虽大，轻也。

[译文] 德行达到美善光明，九鼎虽小，也是重而不可转移。德行奸邪昏乱，九鼎虽大，也是没有分量的。

王孙满论鼎

公元前606年，楚庄王率军攻打陆浑的戎人，一直打到了洛水边上。于是，就趁机在这里举行盛大的阅兵式，借以向周王室示威。

消息传到洛阳，周天子极为恐慌。周大夫王孙满请求前去慰劳楚王，并借机查看楚军的动静。

王孙满来到楚庄王的营帐，向他表达了周天子对楚军的慰问之意。

四年

[原文] 子公怒，染指于鼎，尝之而出。

[译文] 公子宋恼怒了，把手伸到鼎里，尝了一点鳖肉汤，然后出去了。

染指于鼎

等到甲鱼烹煮好了,郑灵公把甲鱼赐给大臣们吃。

公子宋又羞又愤,他走到大鼎前用手指头在鼎里蘸了蘸,尝了一下味道。

郑灵公望着公子宋的背影气急败坏。

这以后,郑灵公一直想找机会杀掉公子宋,公子宋察觉到了郑灵公的意图。

于是,公子宋趁郑灵公祭祀斋戒,派人半夜潜入斋宫,杀死了他。

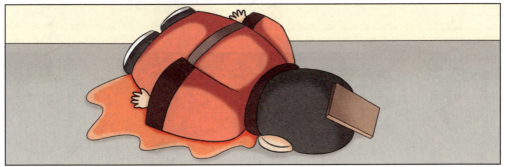

十五年

[原文] 义无二信，信无二命。君之赂臣，不知命也。

[译文] 道义不能有两种信用，信用不能接受两种命令。君王贿赂臣下，就是不懂得命令的意义。

解扬守信救宋

公元前594年，楚国出兵攻打宋国，宋国就派乐婴齐到晋国求救。晋景公想要去救援宋国，却被大夫伯宗劝住了。

于是，晋景公就打消了发兵救宋的想法，只派大夫解扬到宋国安慰一番。

没想到，解扬经过郑国时被郑国人抓起来，献给了楚国。

于是,楚庄王派人带解扬登上楼车。

楚庄王听后，被解扬的忠烈深深地感动了，怒气顿消，并赦免了他，让他回晋国去了。

[原文] 夫恃才与众，亡之道也。

[译文] 依仗才能和人多，这是亡国之道。

晋灭酆舒

公元前594年，潞国相国酆（fēng）舒为了讨好秦国，横加罪名杀害了国君潞子婴儿的夫人、晋景公的姐姐伯姬，还伤了国君潞子婴儿的眼睛。

潞子婴儿向晋国求救，请求晋国派兵讨伐酆舒。

晋景公听从了伯宗的意见，派荀林父率兵去讨伐酆舒，在曲梁打败了他，并乘机消灭了潞国。

酆舒战败，逃到了卫国，卫国把他抓起来送给了晋国。

十七年

[原文] 使反者得辞，而害来者，以惧诸侯，将焉用之？

[译文] 让回去的人有了逃走的理由，而伤害前来的人，以使诸侯害怕，这有什么用？

苗贲皇释齐使

诸侯们在断道会盟，商量讨伐对晋国有二心的国家，后来又在卷楚结盟，却拒绝齐国人参加，晋国还逮捕了齐国使者晏弱、蔡朝和南郭偃。

晋国大臣苗贲皇出使的路上见到了被抓起来的晏弱，回到晋国就询问晋景公缘由。

听了苗贲皇的建议，晋景公让人放松了对齐国使者的看管，三个人很快就逃走了。

成公·元年

[原文] 背盟，不祥；欺大国，不义。

[译文] 背叛盟约，不会吉祥；欺骗大国，不讲道义。

刘康公败绩

公元前606年，周定王即位后念及手足之情，将刘地封给了弟弟王季子。后来，周定王又将刘地升级为刘国，王季子就成了刘国国君，史称刘康公。

此外，刘康公除了是刘国国君，还在周王朝担任卿士，内领百官，外令诸侯，一时风光无限。

公元前590年，周天子与戎人在虞地发生了冲突。晋景公派大夫瑕嘉前去调解，双方才重新议定了边界。

周定王派单襄公前去晋国表示感谢，刘康公却要背弃盟约，建议周定王发兵攻戎。

于是，周定王发兵攻戎，结果战败。

到了周简王时期，为了不让刘康公胡乱发号施令，简王只好让他回归田园，安享晚年。

二年

[原文] 无功而受名，臣不敢。

[译文] 无功而接受有功的名誉，我不敢这样做。

无功不受禄

鲁成公即位后，在晋国接受盟约，并与晋国一起，合力攻齐。

卫国并未派使者去楚国访问沟通，却也在晋国接受盟约，一同进攻齐国。

楚国的令尹子重建议楚王救援齐国。 随后楚国动员全部军队,就连警卫军也全部出动。

楚军入侵卫国,并趁机在蜀地进攻鲁国。鲁国便派臧孙到楚军求和。

鲁成公听说楚国退兵了,就要重赏臧孙。

[原文]《大誓》所谓商兆民离，周十人同者，众也。

[译文]《尚书·大誓》所说商纣虽有亿万人民却都背离了他，周朝仅有十个属臣却能同心同德，说明人数众多还需要团结一致才是不可抵挡的。

兄弟同心

从前，有一对姓罗的兄弟，俩人总因为一点小事就吵得不可开交，关系处得跟仇人差不多。

兄弟二人生意都做得很好，一天，他们同时看中了镇中心的一间旧房子。

这间房子的主人叫王老五，是一位盲人，平时都是靠邻居们接济过日子。

哥哥来买房子……

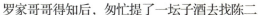
罗家哥哥得知后，匆忙提了一坛子酒去找陈二。

二人走后，陈家兄弟前去找王老五。　　陈家兄弟将王老五的话分别转达给了罗家兄弟。

就这样来回跑了十多次，终于传来了一个让兄弟俩高兴的好消息。

一日陈家兄弟抬轿时，在路上边休息边喝药酒，正巧轿中之人说心口冷也喝了一口。

罗家兄弟听完……

陈家兄弟自打买了店铺后，便改行开了一家包子铺，由于口味好价格公道，很快便有了名气。

三年

[原文] 上下如是，古之制也。

[译文] 位次的上下如此，这是古代的制度。

臧宣叔释礼

九年

[原文] 不背本,仁也。不忘旧,信也。无私,忠也。尊君,敏也。

[译文] 不背弃根本,是仁;不忘记故旧,是信;没有私心,是忠;尊崇君王,是敏。

南冠楚囚

公元前584年,楚国攻打郑国。郑国盟友前来救援,郑军队包围了楚军,俘虏了楚国的宫廷琴师——钟仪。

晋景公回去后把召见钟仪的事告诉了范文子。

晋景公听从范文子的建议，放了钟仪。钟仪果然不负重托。不久，楚共王派公子辰去晋国，以回报钟仪的使命，请求重温旧好，缔结和约。

十二年

[原文] 今吾子之言，乱之道也，不可以为法。

[译文] 今天你说的话，是祸乱的做法，不能够当作法则。

智论生死

十三年

[原文] 君若不施大惠，寡人不佞，其不能以诸侯退矣。

[译文] 君王如果不肯施予大的恩惠，我不才，那也就不能让诸侯们退兵了。

吕相绝秦

春秋时期，白狄和秦国同处雍州，白狄是秦国的仇敌，却是晋国的姻亲。

谁知，秦桓公又找到白狄。

吕相到达秦国后,面见秦桓公。

吕相说完,一甩袖子便走了。

襄公·三年

[原文]《商书》曰：无偏无党，王道荡荡。其祁奚之谓矣！

[译文]《商书》里说：不搞偏私结党，君王之道坦坦荡荡。这说的就是祁奚啊！

祁奚荐贤

最后，晋悼公就任命祁午做中军尉，羊舌赤为副职。

[原文] 事君不避难,有罪不逃刑。

[译文] 侍奉君王能够做到不避危难,有了过失也绝不逃避刑罚。

魏绛执法严明

大臣羊舌赤听说后，赶紧劝谏晋悼公。正在此时，魏绛到了宫外，他呈上一封奏书后就准备拔剑自刎。

从此以后，晋悼公对魏绛更加信任，还让他负责训练新军。

四年

[原文] 我德，则睦，否，则携贰。

[译文] 我们有仁德，诸侯各国就会同我们亲睦；否则，就会背离我们。

魏绛和戎

晋悼公听后觉得有道理，便采纳了魏绛的建议，从此绥抚诸戎，修明政治，专力经营中原，终于成为名副其实的霸主。

十四年

[原文] 若困民之主，匮神乏祀，百姓绝望，社稷无主，将安用之？

[译文] 如果使人民财产贫困，神灵穷匮祭祀缺乏，百姓断绝希望，国家社稷没有主持者，那用君主干什么？

爱做家具的皇帝

明朝时期，明熹宗朱由校不善朝政，却对做家具十分痴迷，他不爱江山却爱做木匠。

因为有做家具的天赋,再加上天天练习,只要看过一眼的木器用具,明熹宗都能"过目不忘"地将其做出来。

135

十五年

[原文] 子罕曰:"我以不贪为宝,尔以玉为宝。若以与我,皆丧宝也,不若人有其宝。"

[译文] 子罕说:"我是以不贪占为宝物,你是以玉为宝物。如果你把它给了我,咱们两人都丧失了宝物,不如各人有各人的宝物。"

二十五年

[原文] 行无越思,如农之有畔,其过鲜矣。

[译文] 所行之事不要超过所想的内容,像农田中有垄畔一样,这样一来,出现的过失就会少了。

危如累卵

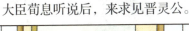

三十年

[原文] 大人之忠俭者，从而与之；泰侈者，因而毙之。

[译文] 大夫们忠诚俭朴的，听从而亲近他们；奢侈浪费者，就处罚他们让他们去职。

不久,伯石因为害怕而把城邑归还,不过子产最终还是把城邑给了他。

后来,郑国大夫伯有去世。郑简公对太史下令,命伯石做卿。

太史无奈,转身离去时,伯石请太史重新宣读命令。

等到命令宣读完时,伯石再次辞谢。

子产听说后，就向郑简公谏言。

不仅如此，子产对于品性不同的卿大夫也是区分对待。

子产在参与政事一年时，百姓评价他……

子产在参与政事三年时，百姓评价他……

昭公·元年

[原文] 将恃大国之安靖己，而无乃包藏祸心以图之？

[译文] （小国）正是要依靠大国来安定自己，而（大国）莫不是包藏着祸害之心来图谋他吧？

公子围聘于郑

公元前541年，楚国的公子围出使到了郑国，并准备到公孙段家迎娶新娘。

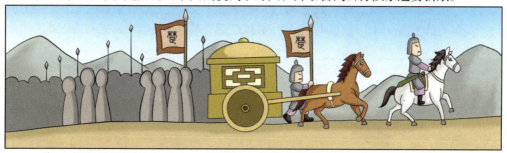

一行人想住进郑国的客栈中，但郑国人察觉事情没那么简单，决定不能让楚国的人轻易进入城中。

郑国人随即便让掌管接待诸侯的大臣子羽与他们谈话，最后将其安排在国都外的旅馆里。

楚国的公子围一行人向郑国行了聘问礼仪之后，就打算带着大队人马进入郑国国都前去迎亲。

郑国的诸侯子产害怕他们有什么阴谋，便让子羽前去拒绝迎亲。

郑国这才答应让他们进城,前去迎亲。

三年

[原文] 君子不犯非礼，小人不犯不祥，古之制也。

[译文] 君子不做那些不遵礼法的事，小人们不做那些不吉利的事，这是古人的遗训。

晏子抑奢

晏婴曾辅佐齐灵公、齐庄公、齐景公三朝，他勤恳治国，体恤百姓，在齐国有很高的威望。

齐景公当时并未作出回应，却在后来减轻了刑罚。

等晏子出使晋国之时，齐景公便私自将他的住宅更换。

等晏子回来后……

[原文]《谗鼎之铭》曰：昧旦丕显，后世犹怠。况日不悛（quān），其能久乎？

[译文]《谗鼎之铭》说：天刚亮就起来，辛勤工作，名声可以显赫，而到后世就懈怠了。又何况每日不思改过，还能维持得长久吗？

曾子三省

[原文] 让，德之主也。让之谓懿（yì）德。

[译文] 谦让，是道德的主要内容。让给人就称作美德。

六尺巷

康熙年间，宰相张英的老家在安徽桐城，他家与吴家为邻。

两家院子中间的这条巷子刚好可以作为出入使用呢！

是呢，真方便！

有一年，吴家建新房子时想占这条路，张家不同意，双方发生了纠纷，互不相让。

张英家人见有理难争，就写信派人到京城告知张英此事，想让宰相给家中撑腰。

吴家见状，大为感动，于是也效仿张家向后退让了三尺地基。

于是，此地便形成一条六尺宽的巷道，两家礼让和睦之举从此传为美谈，这条巷道便被乡里人称之为"六尺巷"。

隐公元年·郑伯克段于鄢

初，郑武公娶于申，曰武姜。生庄公及共叔段。庄公寤生，惊姜氏，故名曰寤生，遂恶之。爱共叔段，欲立之，亟请于武公，公弗许。

及庄公即位，为之请制。公曰："制，岩邑也，虢叔死焉。佗邑唯命。"请京，使居之，谓之京城大叔。

祭仲曰："都城过百雉，国之害也。先王之制：大都不过参国之一，中五之一，小九之一。今京不度，非制也，君将不堪。"公曰："姜氏欲之，焉辟害？"对曰："姜氏何厌之有！不如早为之所，无使滋蔓，蔓难图也。蔓草犹不可除，况君之宠弟乎！"公曰："多行不义，必自毙，子姑待之。"

既而大叔命西鄙北鄙贰于己。公子吕曰："国不堪贰，君将若之何？欲与大叔，臣请事之；若弗与，则请除之。无生民心。"公曰："毋庸，将自及。"大叔又收贰以为己邑，至于廪延。子封曰："可矣，厚将得众。"公曰："不义，不暱，厚将崩。"

大叔完聚，缮甲兵，具卒乘，将袭郑。夫人将启之。公闻其期，曰："可矣！"命子封帅车二百乘以伐京。京叛大叔段，段入于鄢，公伐诸鄢。五月辛丑，大叔出奔共。

书曰："郑伯克段于鄢。"段不弟，故不言弟；如二君，故曰克；称郑伯，讥失教也；谓之郑志。不言出奔，难之也。

遂置姜氏于城颍，而誓之曰："不及黄泉，无相见也。"既而悔之。颍考叔为颍谷封人，闻之，有献于公。公赐之食，食舍肉。公问之，对曰："小人有母，皆尝小人之食矣，未尝君之羹，请以遗之。"公曰："尔有母遗，繄我独无！"颍考叔曰："敢问何谓也？"公语之故，且告之悔。对曰："君何患焉？若阙地及泉，遂而相见，其谁曰不然？"公从之。公入而赋："大隧之中，其乐也融融！"姜出而赋："大隧之外，其乐也洩洩。"遂为母子如初。

君子曰："颍考叔，纯孝也，爱其母，施及庄公。《诗》曰：'孝子不匮，永锡尔类。'其是之谓乎！"

庄公十年·曹刿论战

十年春，齐师伐我。公将战，曹刿请见。其乡人曰："肉食者谋之，又何间焉？"刿曰："肉食者鄙，未能远谋。"乃入见。问："何以战？"公曰："衣食所安，弗敢专也，必以分人。"对曰："小惠未遍，民弗从也。"公曰："牺牲玉帛，弗敢加也，必以信。"对曰："小信未孚，神弗福也。"公曰："小大之狱，虽不能察，必以情。"对曰："忠之属也，可以一战，战则请从。"

公与之乘。战于长勺。公将鼓之。刿曰："未可。"齐人三鼓，刿曰："可矣。"齐师败绩。公将驰之。刿曰："未可。"下，视其辙，登轼而望之，曰："可矣。"遂逐齐师。

既克，公问其故。对曰："夫战，勇气也，一鼓作气，再而衰，三而竭。彼竭我盈，故克之。夫大国，难测也，惧有伏焉。吾视其辙乱，望其旗靡，故逐之。"

庄公二十八年·骊姬之乱

晋献公娶于贾，无子。烝于齐姜，生秦穆夫人及太子申生。又娶二女于戎，大戎狐姬生重耳，小戎子生夷吾。晋伐骊戎，骊戎男女以骊姬。归，生奚齐。其娣生卓子。骊姬嬖，欲立其子，赂外嬖梁五，与东关嬖五，使言于公曰："曲沃，君之宗也。蒲与二屈，君之疆也。不可以无主。宗邑无主则民不威，疆场无主则启戎心。戎之生心，民慢其政，国之患也。若使大子主曲沃，而重耳、夷吾主蒲与屈，则可以威民而惧戎，且旌君伐。"使俱曰："狄之广莫，于晋为都。晋之启土，不亦宜乎？"晋侯说之。

夏，使大子居曲沃，重耳居蒲城，夷吾居屈。群公子皆鄙，唯二姬之子在绛。二五卒与骊姬谮群公子而立奚齐，晋人谓之"二五耦"。楚令尹子元欲蛊文夫人，为馆于其宫侧而振万焉。夫人闻之，泣曰："先君以是舞也，习戎备也。今令尹不寻诸雠雠，而于未亡人之侧，不亦异乎！"御人以告子元。子元曰："妇人不忘袭仇，我反忘之！"

秋，子元以车六百乘伐郑，入于桔柣之门。子元、斗御疆、斗梧、耿之不比为旆，斗班、王孙游、王孙喜殿。众车入自纯门，及逵市。县门不发，楚言而出。子元曰："郑有人焉。"诸侯救郑，楚师夜遁。郑人将奔桐丘，谍告曰："楚幕有乌。"乃止。

冬，饥。臧孙辰告籴于齐，礼也。筑郿，非都也。凡邑有宗庙先君之主曰都，无曰邑。邑曰筑，都曰城。

僖公五年·假途灭虢

晋侯复假道于虞以伐虢。宫之奇谏曰："虢，虞之表也。虢亡，虞必从之。晋不可启，寇不可玩，一之谓甚，其可再乎？谚所谓'辅车相依，唇亡齿寒'者，其虞、虢之谓也。"公曰："晋，吾宗也，岂害我哉？"对曰："大伯、虞仲，大王之昭也。大伯不从，是以不嗣。虢仲、虢叔，王季之穆也，为文王卿士，勋在王室，藏于盟府。将虢是灭，何爱于虞？且虞能亲于桓、庄乎，其爱之也？桓、庄之族何罪，而以为戮，不唯逼乎？亲以宠逼，犹尚害之，况以国乎？"公曰："吾享祀丰洁，神必据我。"对曰："臣闻之，鬼神非人实亲，惟德是依。故《周书》曰：'皇天无亲，惟德是辅。'又曰：'黍稷非馨，明德惟馨。'又曰：'民不易物，惟德繄物。'如是，则非德民不和，神不享矣。神所冯依，将在德矣。若晋取虞而明德以荐馨香，神其吐之乎？"弗听，许晋使。宫之奇以其族行，曰："虞不腊矣，在此行也，晋不更举矣。"

八月甲午，晋侯围上阳。问于卜偃曰："吾其济乎？"对曰："克之。"公曰："何时？"对曰："童谣云：'丙之晨，龙尾伏辰，均服振振，取虢之旂。鹑之贲贲，天策焞焞，火中成军，虢公其奔。'其九月、十月之交乎。丙子旦，日在尾，月在策，鹑火中，必是时也。"

冬，十二月，丙子朔。晋灭虢。虢公丑奔京师。师还，馆于虞，遂袭虞，灭之。执虞公及其大夫井伯，以媵秦穆姬，而修虞祀，且归其职贡于王。

故书曰："晋人执虞公。"罪虞，且言易也。

僖公三十年·烛之武退秦师

九月甲午，晋侯、秦伯围郑，以其无礼于晋，且贰于楚也。晋军函陵，秦军氾南。

佚之狐言于郑伯曰："国危矣，若使烛之武见秦君，师必退。"公从之。辞曰："臣之壮也，犹不如人；今老矣，无能为也已。"公曰："吾不能早用子，今急而求子，是寡人之过也。然郑亡，子亦有不利焉！"许之。

夜缒而出，见秦伯，曰："秦、晋围郑，郑既知亡矣。若亡郑而有益于君，敢以烦执事。越国以鄙远，君知其难也，焉用亡郑以陪邻？邻之厚，君之薄也。若舍郑以为东道主，行李之往来，共其乏困，君亦无所害。且君尝为晋君赐矣，许君焦、瑕，朝济而夕设版焉，君之所知也。夫晋，何厌之有？既东封郑，又欲肆其西封，若不阙秦，将焉取之？阙秦以利晋，唯君图之。"秦伯说，与郑人盟，使杞子、逢孙、杨孙戍之，乃还。

子犯请击之。公曰："不可。微夫人之力不及此。因人之力而敝之，不仁；失其所与，不知；以乱易整，不武。吾其还也。"亦去之。

宣公三年·王孙满论鼎

三年春，不郊而望，皆非礼也。望，郊之属也。不郊亦无望，可也。

晋侯伐郑，及郔。郑及晋平，士会入盟。

楚子伐陆浑之戎，遂至于洛，观兵于周疆。定王使王孙满劳楚子。楚子问鼎之大小轻重焉。对曰："在德不在鼎。昔夏之方有德也，远方图物，贡金九牧，铸鼎象物，百物而为之备，使民知神、奸。故民入川泽山林，不逢不若。螭魅罔两，莫能逢之，用能协于上下以承天休。桀有昏德，鼎迁于商，载祀六百。商纣暴虐，鼎迁于周。德之休明，虽小，重也。其奸回昏乱，虽大，轻也。天祚明德，有所底止。成王定鼎于郏鄏，卜世三十，卜年七百，天所命也。周德虽衰，天命未改，鼎之轻重，未可问也。"

夏，楚人侵郑，郑即晋故也。

宋文公即位三年，杀母弟须及昭公子。武氏之谋也，使戴、桓之族攻武氏于司马子伯之馆。尽逐武、穆之族。武、穆之族以曹师伐宋。秋，宋师围曹，报武氏之乱也。

冬，郑穆公卒。

初，郑文公有贱妾曰燕姞，梦天使与己兰，曰："余为伯鯈。余，而祖也，以是为而子。以兰有国香，人服媚之如是。"既而文公见之，与之兰而御之。辞曰："妾不才，幸而有子，将不信，敢征兰乎。"公曰："诺。"生穆公，名之曰兰。

文公报郑子之妃，曰陈妫，生子华、子臧。子臧得罪而出。诱子华而杀之南里，使盗杀子臧于陈、宋之间。又娶于江，生公子士。朝于楚，楚人鸩之，及叶而死。又娶于苏，生子瑕、子俞弥。俞弥早卒。泄驾恶瑕，文公亦恶之，故不立也。公逐群公子，公子兰奔晋，从晋文公伐郑。石癸曰："吾闻姬、姞耦，其子孙必蕃。姞，吉人也，后稷之元妃也，今公子兰，姞甥也。天或启之，必将为君，其后必蕃，先纳之可以亢宠。"与孔将锄、侯宣多纳之，盟于大宫而立之。以与晋平。

穆公有疾，曰："兰死，吾其死乎？吾所以生也。"刈兰而卒。